AF250653

UNE DUPINADE.

FRAGILE DUPIN

A SES FÉAUX ET AMIS

DE CLAMECY, VARZY, DORNECY, SARDY, CORBIGNY, RAFFIGNY ET AUTRES LIEUX.

Voir LETTRE DE DUPIN Ier à ses féaux et amis de la Nièvre, à la Bibliothèque nationale, et chez Dentu, libraire, au palais de la République.

PARIS.

IMPRIMERIE ÉDOUARD PROUX ET Cᵉ, RUE NEUVE-DES-BONS-ENFANS, 3.

1848.

DUPINUS MAGNUS.

LE SAUVEUR DE LA FRANCE.

30 JUILLET 1830 ET 25 FÉVRIER 1848!...

UNE DUPINADE.

FRAGILE DUPIN

A SES FÉAUX ET AMIS

DE CLAMECY, VARZY, DORNECY, SARDY, CORBIGNY, RAFFIGNY

ET AUTRES LIEUX.

Liberté, Égalité, Fraternité et Flottabilité quand même!

Mes chers camarades et vrais bons amis,

Avant tout, crions par trois fois : *Vive la République!*
Vous le savez, c'est toujours avec un nouveau plaisir (quoique
j'emprunte cette locution à l'ex-roi des Français, *j'ai rompu tout
commerce avec le tyran déchu*); sans plaisanterie, chers concitoyens, c'est toujours avec un nouveau plaisir que je vois arriver
le moment de vous serrer la main; vous connaissez, au surplus, *par
expérience*, ma cordialité, ma franchise; elles ont fait ma fortune,
elles font ma gloire! Hélas! j'ai pu être en butte, il est vrai, aux at-
taques de quelques mauvais esprits : de quoi m'en a-t-on voulu
particulièrement? Eh! mon Dieu, de ce que parvenu, par mes ser-
mens, mes votes et mes discours *pendant vingt-trois sessions à la*

chambre des députés, à une place richement payée, moi, qui jouissais déjà d'une belle fortune, j'ai oublié tous ceux de mes anciens amis *qui ne me servent à rien*, et la France, qui est assez grande pour s'occuper d'elle-même.

Sur ce frivole motif et sur d'autres moins puérils, depuis longtemps l'on ose me qualifier d'ingrat, de débitant de paroles, de fusil Gisquet, de mauvais coucheur, de pasquin, de républicain du lendemain, etc.; quelles trivialités! Mais rien n'était meilleur genre, braves amis, jusqu'au 25 février dernier, que de ne pas accueillir tout le monde et de ne pas fraterniser avec de vieux camarades *qui en savent trop long sur notre histoire :* au reste, leur familiarité pourrait blesser la dignité d'un magistrat ; car, nous sommes, nous restons magistrats : Vive le roi Charl... non, je me trompe; *vive le roi Louis-Phil...* non, non, je me trompe encore : VIVE LA RÉPUBLIQUE ! mes chers concitoyens, frères et amis ! — Mais, quant à vous, bons Nivernistes, vous dont je ne puis me passer *et qui pourriez vous passer de moi* , vous, mes électeurs, vous, qui m'avez fait ce que je suis, vous mon espoir, vous à qui je dois ce glorieux titre que l'on me donne dans les académies et dans le quartier latin, DUPINUS MAGNUS ! Vous, les sauveurs de *Dupin le sauveur*, ne croyez pas qu'un instant j'aie pu vous oublier ! Oh ! non , jamais : vous m'êtes trop nécessaires !

Nécessaires ! c'est indispensables que je veux dire ! Certes, vous ne doutez pas que je pourrais rivaliser avec LES ILLUSTRES RÉPUBLICAINS DU LENDEMAIN par la prestesse de mon zèle pour les gouvernemens nouveaux ; qui ne sait qu'à cet égard je surpasserais, s'il le fallait, l'agilité d'Auriol? Je ne suis pas seulement sauveur, je suis sauteur et flotteur quand même. — Cependant, je ne puis vous le cacher : l'horizon s'obscurcit, hélas ! pour la glorieuse dynastie des Dupins : la vénération qu'ils inspiraient disparaît et s'éteint : on va jusqu'à soupçonner leur patriotisme et *leur désintéressement* (1). Mes amis, mes bons amis, le moment est venu de bien vous persuader que je

---

(1). Consultation Montholon pour les héritiers de Napoléon.
Idem pour les pauvres et très pauvres héritiers Thoulet d'Asnois, etc., etc.

vous suis attaché du fond de ce cœur si sensible et si tendre, et que mes yeux se mouillent de larmes, *foi de Dupin*, à la seule pensée de vos femmes et de vos enfans en souffrance.

Cependant, malgré ma passion pour votre climat, où l'on m'a vu naître, où j'ai planté et bâti, en un mot, où je me plais le plus ; enfin, malgré cette tendresse bien connue *pour vous tous*, en croirai-je mes oreilles, chers soutiens de ma candidature ? Quelques uns d'entre vous, dit-on, se laissent séduire par de misérables folliculaires ! Et que prétendent-ils insinuer, ces infâmes ? Que je suis l'avocat de toutes les causes, le grand caméléon de la Nièvre, un républicain *comme on n'en veut pas*, un ergoteur sans conscience, sans foi ni loi, enfin un arlequin politique sans pudeur aucune, *trop usé aujourd'hui !*

Ah ! croyez-vous, chers camarades, que tout ce bruit soit digne de votre attention ? il ne mérite, à coup sûr, que votre mépris. Il le mérite, et je vais vous dire pourquoi, c'est que ces misérables folliculaires disent la vérité !

Si cela vous étonne, écoutez-moi :

Comme représentant du bourg de Mamers, en 1815, jeune alors, j'ai donné, sans y faire beaucoup attention, à Napoléon, *qui détestait les avocats*, le coup de pied de l'âne ; mais n'ai-je pas ainsi touché, de la seule manière qu'il me fût possible, à la plus grande gloire des modernes ?

De 1814 à 1830, j'ai adoré la branche aînée des Bourbons, j'ai même dit que j'étais *l'amant de la légitimité* : de bonne foi, est-ce qu'un amant est un mari ? J'avais le droit d'être volage, j'en ai usé largement, chers camarades, comme vous en usez vous-même chaque jour.

C'est moi, Dupinus magnus, sachez-le bien, qui étais l'avocat et le conseil intime du brave des braves, le maréchal Ney (1).

---

(1) Si André-Marie-Jean-Jacques *Dupin* ne s'était opposé *de toutes ses forces* à ce que l'illustre maréchal Ney fût jugé par les compagnons de ses hauts faits, les maréchaux de France, nous ne compterions pas aujourd'hui cette grande gloire au nombre des victimes.

Depuis 1830, j'ai transporté, il est vrai, tout mon amour à la branche cadette : qui a pu être surpris ? J'étais, je suis ergoteur et subtil avocat, comme l'a fort bien dit feu mon ami le républicain Barrère (1), je serai toujours avocat, et la branche cadette, au surplus, m'avait donné sa cause à défendre.

Je l'ai défendue, vous savez avec quel dévoûment ! Trois jours, en juillet, je méditais dans ma cave sur l'avenir de la nouvelle dynastie, trois jours après, elle montait sur le trône qu'elle me devait. Je la soutins dès lors de mes conseils, je l'entourais de mon *inaltérable* attachement ; en échange, elle me donna la place de procureur général à la Cour de cassation, *place assez bien rétribuée*, que la République m'a conservée parce que depuis long-temps je lui rendais *un culte secret*, et, *soit dit entre nous*, Crémieux ne pouvait me destituer ; plus tard, je vous dirai pourquoi... Apprenez que j'ai *à deux fins* habilement boudé Guizot, et, en outre, je suis entré en cave quelques jours avant la crise, je sentais que le gouvernement de Louis-Philippe, ce despote tricolore que je chérissais tant autrefois, était une transition nécessaire entre la légitimité, mes anciennes amours, et la République que nous avons le bonheur de posséder aujourd'hui. VIVE LA RÉPUBLIQUE une et indivisible!

Mes braves flotteurs de Clamecy, mes bons concitoyens, ne l'oubliez pas : c'est moi, Dupin Iᵉʳ, qui, *pour vous être agréable*, ai inventé Jean Rouvet (2); eh! bien, croyez m'en, c'est encore moi, moi, le grand Dupin, un des auteurs de LA CHARTE-VÉRITÉ, adorateur fervent de cette maxime chérie, quoiqu'anti-chrétienne, *très en pratique aujourd'hui* : CHACUN CHEZ SOI, CHACUN POUR SOI, que je répudie hautement, depuis le 25 février dernier, dans mes écrits et profession de foi, uniquement pour qu'on eût confiance dans mon républicanisme, enfin ami de cœur, comme tout le monde

---

(1) Historique. *Mémoires de Barrère.*
(2) Voir au *Moniteur des Eaux et Forêts*, volume V, pages 297 et 490, les articles du Bûcheron de la Nièvre sur la fable de l'usurier Jean Rouvet, bourgeois de Paris en 1549.

le sait, des jésuites jusqu'en 1830, et depuis devenu leur plus fougueux ennemi, qui, en un mot, dans les profondeurs de mes convictions, dans les souterrains inconnus de mon patriotisme, dans l'abîme insondable de mon zèle, ai encore inventé la République, comme il y a 17 ans je préparais sourdement l'avènement de mon compère Louis-Philippe et de son GOUVERNEMENT A BON MARCHÉ.

En voulez-vous mille preuves? N'ai-je pas été le premier à chasser Napoléon du territoire français ; ne me suis-je pas rendu, avant qui que ce soit, à Neuilly, *en souliers ferrés*, pour porter la couronne de France et de Navarre aux d'Orléans, et dès le 25 février à proclamer, en ma qualité de procureur-général de Louis-Philippe, *même bien avant M. le premier président Séguier*, la déchéance de cet infâme? Le seul, sans contredit, dans Paris, ne me suis-je pas montré, du 26 février au 10 mars, la poitrine couverte d'un hectomètre de ruban tricolore? Les Decaze, les Pasquier, les Persil, les Soult, les d'Argout, les Rambuteau, etc., ces grands citoyens, mes illustres amis, s'ils l'avaient pu, en auraient fait autant, mais la chambre des Pairs a été si vite supprimée, que ces vertueux défenseurs de leur pays, n'ont pas même eu le temps de proclamer la République : Dieu merci, la Cour de cassation est restée avec son fidèle et INTRÉPIDE PROCUREUR-GÉNÉRAL. VIVE LA RÉPUBLIQUE !

Hélas ! le croirait-on, en présence de ces preuves successives d'un patriotisme qui traverse immuable *tous les gouvernemens*, des ingrats osent m'attaquer sérieusement, me calomnier, *moi qui n'ai point changé*, qui suis toujours LE GRAND DUPIN, fidèle à l'infidélité, immobile dans ma mobilité même, jusqu'à m'accuser à ciel ouvert d'apostasie! Ils prétendent obstinément que, *quoique le premier des Dupins*, mon talent est au service de toutes les causes, parce que j'aime l'argent.

D'abord, je pourrais renouveler ici ce que je vous ai déjà dit, *que je suis avocat*, et vous rappeler ces paroles de mon illustre ami, le maréchal Bugeaud, que la mobilité d'opinions est le sublime de la profession d'avocat.

Je ne me servirai point de pareils argumens: je vous l'ai déjà répété à satiété, *je n'ai jamais changé*. Vous allez me comprendre : J'AI TOUJOURS AIMÉ LES BONS ÉMOLUMENS ET LES GROS SALAIRES. Or, en rigoureuse conscience, chers citoyens et braves camarades, croyez-vous bonnement que j'ai reçu, comme président de la chambre des députés, comme procureur-général, comme conseil de la branche cadette, plus de 150,000 fr. par an pour ne rien faire? Maintenant, mes amis, plus de présidence, *plus de gouvernement à bon marché,* il en résulte que j'ai perdu une partie de cette somme si ronde, *si réjouissante*, et vous pouvez croire que j'en gémis tous les jours, mais est-ce une raison pour que je me résigne à perdre le reste? Moi aussi, je suis attaché à mon traitement comme à la vie, et, en n'y renonçant jamais, je prouverai bien que *je n'ai jamais changé!*

Il faut pourtant convenir, braves camarades et chers électeurs, que les incorrigibles LÉGITIMISTES, qui savent beaucoup de choses aujourd'hui et n'oublient rien, se font un jeu de me reprocher hautement mes flatteries et discours d'autrefois, en citant, en vrais sournois, les airs et paroles du Paysan du Danube, que je cherchais à imiter de mon mieux, *suivant les circonstances*, parce que ces singeries officielles m'ont toujours si bien réussi, vous le savez parfaitement; pour vous rendre juges, au surplus, de ces flatteries dynastiques qui excitent maintenant tant de colères, souffrez que je vous remette en mémoire, d'abord, de mes comptes-rendus aux comices de Clamecy, Tannay, Corbigny, etc., de mes rapports de tendresse et d'amitié avec tous les préfets royalistes, libéraux, orléanistes, communistes, républicains, que la Nièvre a eu le bonheur de posséder depuis trente-quatre ans, et enfin des vérités complimenteuses dont je gratifiais, chaque fois que j'en trouvais l'occasion, LE ROI DE MON CHOIX, *notre dernier tyran* ; je prends au hasard, sur mille et plus peut-être, un discours que j'ai prononcé, le 1er janvier 1836, comme président de la chambre la plus civilisée du monde, dont suit la teneur :

« SIRE ,

» Cette fois encore, au renouvellement de l'année, la sixième de

» votre règne, *ma voix fidèle* vient exprimer A VOTRE MAJESTÉ les fé-
» licitations et les vœux de la chambre des députés.

» L'année ne pouvait s'ouvrir sous de plus heureux auspices,
» ceux d'une victoire habilement préparée *par un illustre guerrier*
» que la chambre s'honore de compter parmi ses membres, et à la-
» quelle l'aîné des princes descendus *de votre race*, l'héritier de LA
» DYNASTIE DE 1830, A PRIS UNE PART SI GLORIEUSE. Toutefois, Sire,
» si je dois louer ici le prince Royal, ce ne sera pas seulement
» d'avoir courageusement partagé *les fatigues et les dangers de nos*
» *soldats* avec toute l'ardeur de son jeune âge, je le félicite surtout
» d'avoir apporté dans son voyage un REMARQUABLE esprit de sagesse
» et d'observation.

» Il a visité la Corse! le plus reculé de nos départemens, et il a
» mis *tous ses soins* à recueillir ce qu'il y aurait d'utile à faire pour
» cette terre française et ses habitans.

» A Alger, sire, il n'a pas seulement *passé la revue de nos trou-*
» *pes et participé aux travaux de l'armée;* mais fort de vos instruc-
» tions paternelles, il a cherché à réconcilier les indigènes avec la
» conquête, en un mot, NOTRE DUC D'ORLÉANS a honoré le nom fran-
» çais PAR SA VALEUR; il l'a fait aimer en se montrant tel qu'il est.

» Voilà, sire, une des joies de votre AUGUSTE FAMILLE, un des fruits
» de cette éducation *morale et légale* que vous avez voulu et su don-
» ner à vos enfans : *elle assure la* PERPÉTUITÉ de votre œuvre
» royale, et la CONTINUATION de vos généreux desseins pour le
» bonheur d'une nation si digne de la liberté. »

(M. le président Dupin, dont la voix est altérée par la vive émo-
tion qu'il éprouve, est obligé de s'interrompre plusieurs fois en
prononçant ces dernières paroles. — *Moniteur* du 2 janvier 1836.)

Le Constitutionnel, journal de M. Dupin, a gardé le silence sur ce mémorable discours, nous ne savons pourquoi.

Eh bien! chers camarades et électeurs, faut-il me traiter, comme
on le fait depuis quelques années, dans les châteaux et sous le
chaume de la Nièvre, pour d'aussi minces peccadilles, dette du moment qu'il fallait payer sans rougir et même en faisant semblant de

pleurer de bonheur, *ou se faire ermite?* Soyez justes, était-ce possible? Avocat de père en fils, des reproches de mobilité sont des enfantillages ; tels fondés qu'ils puissent être, ils sont surtout indignes de vous, à l'égard d'un enfant de la Nièvre, et ne peuvent certes, en aucune manière, vous faire oublier tout-à-coup qu'en 1830 Dupin Iᵉʳ vous a sauvé, *son cordonnier aidant*, de la plus affreuse anarchie, au péril de sa vie, en vous procurant, en outre, comme il vous l'avait si bien promis pendant quinze ans, UN GOUVERNEMENT PATERNEL ET A BON MARCHÉ.

En résumé, mes féaux et amis, ouvriers de Fourchambault; que mon éloquence a portés aux cieux; enfans et héritiers de la célèbre COMMUNAUTÉ DES JAULT, *que j'ai enrichis de mes discours académiques*, cultivateurs herbagers de la Nièvre pour qui ma sollicitude est si vive (1) ; électeurs et flotteurs de la Nièvre, de l'Yonne et ruisseaux y affluant, vous que je porte DANS MON COEUR DE DUPIN, vous qui me connaissez depuis mon enfance, vous ne pouvez m'abandonner lorsque ma nomination à l'Assemblée nationale est peut-être, pour moi, le seul moyen de conserver cette place à laquelle je tiens tant, et, par conséquent, *de me conserver ma vie.* Me répudier maintenant ce serait répudier un flotteur pur sang. Souvenez-vous que, dans la crise où nous sommes, il faut des hommes connus, ayant la parole en main; souvenez-vous que FRAGILE DUPIN, en ce genre, est la première gloire de la Nièvre, qu'il a fait, dans son jeune âge, les délices de Clamecy, de Varzy, de Corbigny et des environs, bien avant de s'élancer dans les hautes régions du pouvoir. N'allez pas lui préférer un honnête et intelligent propriétaire (2), un défenseur sincère des intérêts du

---

(1) Chaque année, André-Marie-JEAN-JACQUES Dupin Iᵉʳ, *amant fervent des parades*, assiste régulièrement en grand costume au concours de Poissy, et afin de se faire un trophée, au besoin, de sa sensiblerie pour les bêtes grasses, pleure comme un veau, au couronnement des bœufs de la Nièvre et aux doux sons de la musique qui proclame à grand bruit les vainqueurs des bœufs de la Normandie et du Limousin.

(2) L'esprit dans les assemblées délibérantes ne vaut pas le bon sens de l'homme des champs, en ce qu'il est certain que le plus simple cultivateur, escorté de sa femme et

pays ; songez qu'en apostasies, en arlequinades ou dupinades, *en fragilité et flottabilité*, il n'y a pas un pareil en Europe, et que pour vous honorer véritablement, c'est un avocat de mon espèce qu'il vous faut, un avocat flotteur, dont le train a toujours vogué du côté de la fortune, *non pas précisément pour vous*, mais par vous et pour lui. Que de titres à vos immortels suffrages, MES CHERS CAMARADES ET VÉRITABLES AMIS ! Si cependant vous hésitiez un instant à me continuer votre confiance, je me flatte encore que vous me l'accorderez comme par le passé, d'abord quand ce ne serait qu'en mémoire de mon honorable père qui, en 1793, a eu le courage de déposer au tribunal révolutionnaire contre les ennemis de la patrie, ensuite par reconnaissance de la coopération *en paroles* de mon illustre frère le savant *au roman des Caisses d'épargne* ; plus récemment, pour le souvenir de mon frère Philippe, le célèbre avocat, qui était bien certainement, vous ne l'ignorez pas, *surtout l'exemple de toutes les vertus*, dont vous tous, mes chers amis, avez célébré les somptueuses funérailles, avec les magistrats et fonctionnaires les plus élevés de trois départemens réunis pour cette immémorable solennité, *d'après mes ordres*, dans l'humble ville de Clamecy, en l'honneur de la profession d'avocat *et pour me faire plaisir*. Ne craignez donc plus de m'adopter comme votre candidat, qui sera sans aucun doute le plus utile COMME LE PLUS RECONNAISSANT des huit que vous avez à choisir Est-ce que vous pourriez vous empêcher de me tenir compte, en bonne conscience, chers électeurs, de ma brûlante sollicitude *pour les pauvres* (1), notamment de mon voyage, en septembre dernier, qu'il vous en souvienne, au hameau de Mont-Sauche, *Sibérie du Morvan*, pour couronner, au nom de l'Institut (avec l'argent, cela va sans dire, du charitable M. de

---

de son gamin, jouant la bonne foi la plus pure, trompera, en riant sous cape, l'avocat le plus habile, lorsque ce dernier, au contraire, croit l'avoir enjôlé par ses belles paroles et le brillant de son or. En fait d'intérêt matériel, il n'y a pas de bête.

(1) Les Dupins, quoique très chrétiens en apparence, n'ont jamais, que nous sachions, fait, dans leur plus grande prospérité, DON d'un sou à un pauvre.

Monthyon), *la vertu modeste* de la veuve de l'huissier Renault, et particulièrement de tous les soins que j'ai pris pour célébrer *en famille*, suivi des grandes autorités et des plus fortes têtes de quatre départemens, précédé de tous les tambours, grelots et grosses caisses de la Nièvre, *le triomphe de la fraternité* CHRÉTIENNE-MENT EXERCÉE (1). Qui sait enfin ce que les destins nous préparent? le président futur de la République sortira peut-être de la Nièvre! Commencez toujours par me nommer député à l'Assemblée nationale, sans trop vous en inquiéter. Pourquoi ce président ne serait-il pas DUPINUS MAGNUS? N'ai-je pas été déjà président de la chambre des députés en 1830 en sortant tout frais de ma cave?

Habitans du Morvan, vous que je puis appeler mes bons et véritables amis, qui plus que moi s'est intéressé à votre pays de montagnes, *pour me rendre, puisqu'il faut vous parler net, avec plus de facilité dans ma villa de Raffigny;* qui a visité le premier, *dans mes intérêts personnels*, sans doute, des CHEMINS IMPRATICABLES, aujourd'hui remplacés par des magnifiques routes, par des ponts jetés sur VOS TORRENS, qui en font de véritables monumens, bien supérieurs à ceux des *Mille et une Nuits* (2)!

Réfléchissez bien, chers compatriotes, à ce que vous allez faire, et ce qui pourrait vous arriver si vous restiez sourds à la voix et aux instances républicaines de Dupin Ier.

VIVE LA RÉPUBLIQUE!

Fils d'avocat, avocat depuis la plante des pieds jusqu'à la pointe des cheveux de mon toupet, je vous prie, cher lecteurs, de me pardonner cette trop longue lettre, qui n'a vraiment droit à votre extrême indulgence que par la surexcitation fébrile d'un républicanisme en pleine ébullition, qui achèvera probablement de me paralyser si vous imitiez, à mon égard, ce que mes collègues à la Chambre et moi ont fait sans façon à la branche aînée, le 30 juillet

---

(1) Paroles textuelles de M. André-Marie-JEAN-JACQUES Dupin à ses concitoyens de la Nièvre, insérées dans le *Constitutionnel* du 18 mars 1848.

(2) Voir *le Constitutionnel* du 18 mars 1848.

1830, en me disant, le 23 avril prochain : Dupin, mon ami, IL EST TROP TARD.

VIVE LA RÉPUBLIQUE !

Je ne puis me persuader, et pour en finir, chers électeurs, que vous seriez capables de me faire cette sauvage réponse, tout en ne me dissimulant pas que les vents et les flots sont comme moi très mobiles ; quoi qu'il puisse arriver, néanmoins, je serai toujours, FOI DE DUPIN Ier, votre bien dévoué compatriote et *candidat* SINCÈREMENT RÉPUBLICAIN (1).

FRAGILE DUPIN Ier.

Pour copie conforme :

LE BUCHERON DE LA NIÈVRE,
Collaborateur des *Annales forestières*.

---

(1) La République, dans toute l'acception du mot, doit affreusement hurler en apercevant un républicain à la façon de Dupin, mon ami. Électeurs de la Nièvre, votre crédulité dans ce Brutus en robe, toute robuste qu'elle peut être, n'est plus de saison ; il est temps, pour l'honneur du pays, de faire connaître que le règne des *marchands de paroles et jongleurs déhontés* est passé.